Lk 14/14s

REMONSTRANCES
FAICTES AV ROY PAR LES
DEPVTEZ DE L'ASSEMBLEE

Generale de Prouence, fur le premier Article du Cayer de Paris, le Vendredy 31. Iuillet 1615.

REMONSTRANCE

FAICTE AV ROY PAR LES

Députez des Estats des
Quatre des Provinces de la
generale Assemblée du Clergé de
France tenu à Paris 1626.

AV ROY.

SIRE,

Vos tref-humbles, tref-obeyssans, & tref-fidelles sujects & seruiteurs : les gens du tiers Estat de vostre pays de Prouence, assemblez par vostre permission, & sous vostre authorité en la ville d'Aix au mois de Iuin dernier, ou estoient presens tous les deputez des grosses villes & Communautez, qui ont seance & voix deliberatiue dans les Estats dudit pays, aduertis par quelques-vns de ceux qu'ils auoient enuoyez selon vostre commandement aux Estats Generaux dernierement conuoquez. Comme les Deputez de voſtre ville de Paris, en la Chambre du tiers Eſtat propoſerent par le premier Article de leur Cahier. Que voſtre Majeſté ſeroit ſupplié de faire arreſter pour Loy fondamentale du Royaume.

Que comme voſtre Couronne ne depend que de Dieu ſeul, auſſi pour quelque cauſe & pretexte que ce ſoit, voſtre Royaume n'eſt ſujeét à interdit, & que vos ſujects ne peuuét eſtre diſpenſez de la fidelité qu'ils ont iuree des leur naiſſance, auec beaucoup de declaratious tendantes a inprimer en l'ame des François, la creance d'vne ſi ſaincte & iuſte Loy, & les remedes pour la rendre perpetuelle & inuiolable.

Que neantmoins cét Article ayant eſté receu par la pluralité des opinions, auroit depuis eſté controuerſé par quelques eſprits, qui pour fonder vne contraire doctrine, figu-

rent des inconueniens friuoles, sou-
ſtenans côtre le plus commun vœu
de tous les peuples de voſtre obeyſ-
ſance, que ledit Article ne deuoit
eſtre preſenté ny receu, de maniere
qu'aucuns des Deputez de ladite
Chambre du tiers Eſtat, meſmes
ceux de Prouence ne perſiſterent
pas conſtamment en leur opinion
premiere : Mais variant aucune-
ment, d'icelle ont pris des expe-
diens qui ſemblent de beaucoup af-
foiblir le teſmoignage qu'ils auoiét
rendu de leur affection & fidelité.

Et d'autant, SIRE, que tout ce
qui s'eſt paſſé en vne ſi celebre aſſemblee, ſera ſans doute publié par
toutes les Nations de la terre, &
tranſmis aux âges futurs, qui fe-
ront vn ſiniſtre iugement côtre tels
ſujects, qui en la preſence de leur
Prince, n'ont oſé hardimét main-
tenir ſa puiſſance ſouueraine, & per-

sister en la creance qu'ils ont receuë par tradition de leurs anceſtres, & qui leur a eſté annoncee par la bouche de Dieu en paroles ſi claires, que l'eſprit humain ne peut ſans offencer la Iuſtice originelle, leur donner vne contraire interpretation.

Les Deputez en ladite aſſemblee generalle de Prouence, ont tous vnanimement teſmoigné leur regret, d'eſtre nays en vn ſiecle auquel le ſujeċt oſe mettre en diſpute ce qu'il doit reuerer comme Article de foy, & cherir comme vn remede *ſalutaire pour la conſeruation de l'Eſtat, auquel ſont attachees les vies, les fortunes, les honneurs, & les libertez de tous les François.*

Et afin que le blaſme qu'aura peu encourir la volonté irreſoluë deſdicts Deputez, touchant la reception dudict Article, ne s'eſtende ſur toute la

Nation, ladite assemblée a deliberé que par autres Deputez exprés, & en un Cayer particulier sera representée à vostre Majesté, le regret qu'elle a de voir que la corruption des mœurs de ce siecle a forcé les bons François de recourir à des remedes que leurs peres n'auoient iamais estimé necessaires, qu'elle sera treshumblement suppliee de prendre ceste creance de leur fidelité, qu'ils n'ont point besoin de ceste Loy pour les lier dauantage à faire dire ou soustenir au peril mesme de leur vie, ce à quoy la Loy de Dieu & de la nature les ont obligez, qui est en effect la substance dudict Article incorporee auec leurs volontez, & que si leurs Deputez ont presté quelque consentement à la resolution qui a esté prise pour alterer ou diminuer l'authorité dudict Article proposé par les Deputez de Paris, pour l'independance de voſtre Couronne, ça eſté contre le Mandat, gré & volonté de ceux qui les auoient commis, qui en ce cas les deſaduoüent & reuoquent.

Et par ainſi ſupplient treſ-humblement voſtre Majeſté ordonner qu'au procez verbal faict ſur la reception dudict Article, & auant que reſpondre ſur les Cayers Generaux, ces treſ-humble remonſtrance & ſupplications ſeront adiouſtees à l'opinion des Deputez de Prouence, enſemble l'adueu que voſdicts ſujects font du contenu audict Article de Paris, que leur opinion eſt qu'il ſoit receu, afin que les viuans & ceux qui ſont à naiſtre ſçachent qu'ils veullent ſouſtenir deuant Dieu & les hômes, & perdre la vie ſ'il eſt beſoin, pour ceſte creance. Que les Roys de France

au

au temporel n'ont que Dieu seul pour Souuerain, que leur Couronne n'est suiecte à interdict, & que leur sujects ne peuuent estre dispensez du serment de fidelité, pour quelque cause & pretexte que ce soit.

Et pour ce qu'on leur a aussi rapporté que dans la mesme Chambre du tiers Estat fut proposé de receuoir le Concile de Trente, à quoy les Deputez de Prouence donnerent adherence & consentement contre la commune volonté des habitans dudict Pays, qui n'estiment sceant, honorable, ny vtile pour l'Estat, d'importuner vostre Majesté d'approuuer ou reietter expressement ledict Concile, veu que depuis cinquante ans les Roys vos predecesseurs, & tant de grands personnages, qui ont manié les affaires de cét Estat, ont estimé que ce Con-

B

cile faisant quelque breche à l'auchorité Royalle, estant contraire aux libertez de l'Eglise Gallicane, & à tous les ordres & reglemens de la Police du Royaume, que d'ailleurs il pouuoit causer de l'alteration aux Edicts de paix, ne deuoit estre publié, ne iugeant pas aussi à propos, ny vtile de le reiecter par vne Loy publique, puis que pour le regard de la Foy & doctrine qui la concerne, ledict Concile est conforme à ce que l'Eglise Catholique Apostolique & Romaine enseigne, & en laquelle vosdicts sujects desirent viure & mourir. Declarant n'auoir iamais entendu donner aucun pouuoir à leurs Deputez pour faire vne telle requeste, ny prester vn tel consentement, remettant à la prudence de vostre Majesté à choisir les moyens qu'elle aduisera plus conuenables pour faire garder & professer en son Royaume ce qui est de la doctrine dudict Concile pour la Foy, sans autre publication d'iceluy, puis que par les droicts de vostre Royaume, on ne peut en aucune assemblee, quelque tiltre qu'elle puisse porter, faire preiudice aux libertez de l'Eglise Gallicane, & à la souueraineté de vostre Couronne.

FIN.

11

en son Royaume, ceçoit cƒ de la doctrine dudit Concile pour la foy
sans autre publication: d'ipluſy plus
que par les droicts de voſtre Couronne, on ne peut en aucune aſſem-
blée, quelque titre qu'elle puiſ-
ſe auoir, rien preiudicier aux libertez
de l'Egliſe Gallicane, ni à la Coura-
ſlatie de voſtre Couronne.

Fin.

www.ingramcontent.com/pod-product-compliance
Lightning Source LLC
Chambersburg PA
CBHW060636050426
42451CB00012B/2620